Duden

Übungsheft
Aufsatz

von Susanne Mertens
mit Illustrationen von Stefan Leuchtenberg

2. Klasse

Dudenverlag
Berlin

Vorwort

Liebe Kinder, liebe Eltern,

darf ich mich vorstellen? Mein Name ist Konrad und meine Katze heißt Mia. Ich lese und schreibe für mein Leben gern.

Ich habe gemerkt, dass man in der Schule viele Dinge lernt, aber manchmal die Zeit fehlt, um das Gelernte zu üben.

Zusammen mit meiner Freundin Frieda und meinem Freund Alex habe ich einen Trainingsplan aufgestellt, der immer nach dem gleichen Prinzip funktioniert – in vier Trainingseinheiten:

Aufwärmen mit Mia
Indem du wiederholst, was du eigentlich schon weißt, festigst du deine Grundlagen zum Thema.

Taktik mit Konrad
Hier festigst du typische Merkmale einer Textform. So weißt du, worauf es bei diesen Texten ankommt.

Ausdauertraining mit Frieda
Hier untersuchst du Beispiele und schreibst eigene Texte. Mit jeder Aufgabe gewinnst du mehr und mehr Sicherheit.

Nachspielzeit mit Alex
Hier gibt es eine Extraportion Aufgaben. Wenn du auch diese Aufgaben lösen kannst, bist du ein echter Profi.

In den **vier Trainingseinheiten** gibt es jede Menge Übungen für dich. Die Schritte sind immer gleich:

1. Lies die Aufgabe gründlich und versuche sie zu lösen.
2. Male dem **Smiley** an der Seite ein Gesicht – je nachdem, ob die Übung für dich leicht ☺, mittelschwer 😐 oder schwierig ☹ war.
3. Vergleiche deine Lösungen mit den **Lösungen im Mittelteil.** Wenn es mehrere Möglichkeiten gibt, geben wir keine Lösung vor.

Jede Trainingseinheit hat ihre eigene **Sammelkarte,** die du ganz vorn im Heft findest. Auf der Rückseite kannst du dir die **Daumen-hoch-Sticker** aufkleben, sobald eine Übungsseite fertig ist. Für die Nachspielzeit gibt es eine Sonderkarte, die du auf der Rückseite selbst gestalten kannst – beispielsweise um ein Foto von dir aufzukleben.

Frieda, Alex, Mia und ich freuen uns, dich schon bald im „Konrad-Team" zu begrüßen. Wir wünschen dir viel Spaß beim Üben und Trainieren!

Dein Konrad

Inhaltsverzeichnis

→ **Einen Steckbrief schreiben** (Seite 6 bis 13)
- Aufwärmen — **Wiederholen und Festigen**
- Taktik — **Merkmale der Textsorte**
  Informationen erkennen
- Ausdauertraining — **Übungen zur Textsorte**
  Eigenschaften und Tätigkeiten untersuchen und zuordnen
- Nachspielzeit — **Zusatzaufgaben**

→ **Obst und Gemüse beschreiben** (Seite 14 bis 22)
- Aufwärmen — **Wiederholen und Festigen**
- Taktik — **Merkmale der Textsorte**
  Treffende Adjektive verwenden
- Ausdauertraining — **Übungen zur Textsorte**
  Rätsel untersuchen und schreiben
- Nachspielzeit — **Zusatzaufgaben**

→ **Einen Sachtext schreiben** (Seite 23 bis 30)
- Aufwärmen — **Wiederholen und Festigen**
- Taktik — **Merkmale der Textsorte**
  Informationen erkennen
- Ausdauertraining — **Übungen zur Textsorte**
  Sachtexte schreiben
- Nachspielzeit — **Zusatzaufgaben**

→ **Eine Nachricht verfassen** (Seite 31 bis 40)
- Aufwärmen — **Wiederholen und Festigen**
- Taktik — **Merkmale der Textsorte**
  W-Fragen zuordnen
- Ausdauertraining — **Übungen zur Textsorte**
  Nachrichten untersuchen und verfassen
- Nachspielzeit — **Zusatzaufgaben**

➜ **Eine Bastelanleitung schreiben** (Seite 41 bis 50)

	Aufwärmen	**Wiederholen und Festigen**
	Taktik	**Merkmale der Textsorte**
		Materialien und Arbeitsschritte erkennen
	Ausdauertraining	**Übungen zur Textsorte**
		Anleitungen untersuchen und schreiben
	Nachspielzeit	**Zusatzaufgaben**

➜ **Eine Bildergeschichte schreiben** (Seite 51 bis 62)

	Aufwärmen	**Wiederholen und Festigen**
	Taktik	**Merkmale der Textsorte**
		Überschrift und Einleitung
	Ausdauertraining	**Übungen zur Textsorte**
		Bildergeschichten untersuchen und schreiben
	Nachspielzeit	**Zusatzaufgaben**

➜ **Ein Erlebnis aufschreiben** (Seite 63 bis 72)

	Aufwärmen	**Wiederholen und Festigen**
	Taktik	**Merkmale der Textsorte**
		Einleitung, Hauptteil, Schluss
	Ausdauertraining	**Übungen zur Textsorte**
		Erlebnisgeschichten untersuchen und aufschreiben
	Nachspielzeit	**Zusatzaufgaben**

➜ **Gedichte schreiben** (Seite 73 bis 80)

	Aufwärmen	**Wiederholen und Festigen**
	Taktik	**Merkmale der Textsorte**
		Limericks untersuchen
	Ausdauertraining	**Übungen zur Textsorte**
		Kreativ schreiben
	Nachspielzeit	**Zusatzaufgaben**

Einen Steckbrief schreiben

1 Schreibe deinen Namen fünfmal in bunten Farben in das Feld.

2 Schreibe nun den Namen deiner besten Freundin/ deines besten Freundes in Druckschrift und in Schreibschrift. Schreibe mal große Buchstaben, mal ganz kleine.

Taktik

1 **Weißt du, wer ich bin?**

Ich mag Schule, Streit mag ich nicht.

Ich mag Mia, Hausaufgaben mag ich nicht.

Ich mag Spaghetti, Spinnen mag ich nicht.

Ich habe lockige braune Haare.
Ich spiele gern Fußball.
Am liebsten esse ich Spaghetti.
Spinnen mag ich nicht.
Konrad ist mein Freund.

Ich heiße _____.

Im Steckbrief werden die wichtigsten Merkmale einer Person zusammengefasst.

Ich habe dunkle Haare.
Ich mag Konrads Katze Mia.
Ich esse gern Eis.
Hausaufgaben mag ich nicht.
Frieda ist meine Freundin.

Ich heiße _____.

8 Einen Steckbrief schreiben

2 **Kannst du den Steckbrief über Konrad ausfüllen?**

2. Klasse   8 Jahre

Ich mag Deutsch, aber kein Kunst.

Ich heiße _____ und bin ____ Jahre alt.

Meine Schule ist die _____.

Ich gehe in die ____ Klasse.

Mein Lieblingsfach ist _____.

Das Fach mag ich nicht: _____.

Meine besten Freunde sind _____.

Das machen wir gern zusammen: _____
_____.

Das kann ich gut: _____.

Ausdauertraining

Fahrrad fahren — draußen spielen — Eis

Matheunterricht — Spinnen — Kuchen — Pizza

Müll wegbringen — Ferien — Kaninchen

kratzige Pullover — Nudeln — Bilder malen

mit Mama einkaufen — Oma besuchen — Streit

mit Freunden treffen — Hausaufgaben

im Garten helfen — Pause — Taschengeld

Wald — Lügen — Hunde — Mäuse

1 Was magst du gern? Male die Kästchen grün aus.

....

2 Was magst du nicht so gern? Male die Kästchen rot aus.

....

Einen Steckbrief schreiben

3 Was passt zu dir? Sortiere die Verben in die Spalten ein.

malen schreiben denken lesen klettern
bauen singen rennen schwimmen
kochen rechnen reiten springen backen
zaubern helfen lachen

Das kann ich gut.	Das kann ich nicht so gut.
Malen	Springen
Schreiben	Rennen
Zaubern	Singen
Lesen	schwimmen
Klettern	kochen
Reiten	Bauen
Backen	Zaubern
Rechnen	lachen
Denken	Reiten
Helfen	Malen
Singen	Reiten

Ausdauertraining

4 Was kannst du gut? Schreibe drei Sätze so auf:

Ich kann gut Lieder singen. Ich kann gut Geschichten schreiben. Ich kann gut malen. Ich kann gut klettern. Ich kann gut Mathe. Ich kann gut lesen. Ich kann gut kochen

5 Was kannst du nicht so gut? Schreibe drei Sätze so auf:

Ich kann nicht so gut auf Bäume klettern. Ich kann nicht so gut springen. Ich kann nicht so gut schwimmen. Ich kann nicht so gut bauen. Ich kann nicht so gut rennen.

12 Einen Steckbrief schreiben

> Tipp: Schaue noch einmal auf den Seiten 9 bis 11 nach.

6 Schreibe nun über dich.

Ich heiße _____ .

Ich bin ____ Jahre alt.

Meine Schule: _____ .

Ich gehe in die Klasse ____ .

Mein Lieblingsfach ist _____ .

Das Fach habe ich gar nicht gern: _____ .

Meine Freunde heißen _____ .

Ich mag gern _____ ,

aber _____ mag ich nicht.

Ich kann gut _____ ,

aber _____ kann ich nicht.

Besonders gern mag ich an mir, _____

_____ .

Nachspielzeit

1 **Hast du Lust bekommen, über deine beste Freundin / deinen besten Freund zu schreiben? Male auch ein Bild von ihr/ihm.**

Sie/er heißt

und ist   Jahre alt.

Sie/er geht auf die

Schule in die   Klasse.

Ihr/sein Lieblingsfach ist   .

Das kann sie/er gut:

Das mag ich besonders gern an ihr/ihm:

Das machen wir am liebsten zusammen:

Obst und Gemüse beschreiben

1 Findest du vier Obst- und vier Gemüsesorten? Kreise sie ein.

D	A	N	A	N	A	S	H	A
G	R	T	S	M	G	L	E	P
U	X	B	H	N	K	E	T	F
R	B	I	L	B	G	J	R	E
K	A	R	T	O	F	F	E	L
E	K	N	R	H	I	E	G	S
I	L	E	N	N	B	G	R	X
S	T	S	X	E	R	B	S	E
K	I	W	I	E	T	H	K	I

2 Schreibe die Sorten auf.

Obst	Gemüse

Welche Sorte isst du am liebsten? Kreise sie grün ein.

Taktik

1 **Bestimmt kannst du immer zwei Adjektive den Obst- und Gemüsesorten zuordnen.**

> Ein Rätsel beschreibt etwas genau. Dafür benötigst du Adjektive.

länglich braun dick rund

saftig fest rot weich grün

sauer süß gelb dünn

klein orange scharf

16 Obst und Gemüse beschreiben

2 Kannst du die Rätsel lösen? Schreibe die Antworten auf und verbinde sie mit dem passenden Bild.

Sie ist länglich, dünn und grün. Man kann sie mit und ohne Schale essen.

> Komm, wir spielen Obst- und Gemüseraten.

Von außen ist es rot, innen ist es weiß. Es ist klein und rund. Es schmeckt scharf.

Sie ist grün, rot oder gelb. Man muss sie vor dem Essen waschen. Innen ist sie hohl und voller Kerne.

Sie ist rund und orange. Vor dem Essen muss man sie schälen. Sie schmeckt leicht sauer.

Ausdauertraining

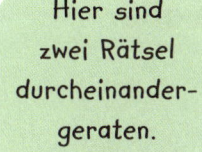

Sie ist länglich und gebogen.
Sie ist länglich oder rund.

Sie hat eine braune Schale.
Sie hat eine gelbe Schale.

Man kann sie mit oder ohne Schale essen.
Man muss sie vor dem Essen schälen.

Innen ist sie fast weiß und weich.
Innen ist sie gelb und sehr fest.

Man muss sie kochen oder braten, bevor man sie isst.
Man kann sie direkt nach dem Schälen essen.

1 Markiere die Sätze, die zur Banane passen, gelb.

....

2 Markiere die Sätze, die zur Kartoffel passen, braun.

....

18 Obst und Gemüse beschreiben

3 Schreibe das Rätsel über die Banane oder die Kartoffel auf.

Es ist eine _____ .

4 Hast du Lust bekommen, das zweite Rätsel aufzuschreiben? Dann nimm dir ein extra Blatt.

Ausdauertraining

Form: rund, länglich, spitz, gebogen, oval

Größe: klein, groß, mittelgroß

Farbe: rot, gelb, grün, orange, braun

Besonderheiten: harte Schale, weiche Schale, keine Schale, viele Kerne innen, kleine Kerne außen, ein harter Kern

So kann Obst und Gemüse aussehen.

5 Ordne zu.

Farbe	
Größe	
Form	
Besonderheit	

Farbe	
Größe	
Form	
Besonderheit	

20 Obst und Gemüse beschreiben

6 Schaue dir die Früchte gut an. Kannst du die Wörter richtig einsetzen?

grün   braun   schälen
~~länglich~~

Sie ist länglich und außen _____.

Vor dem Essen muss man sie _____.

Innen ist sie _____.

Es ist eine _____.

rot   rund   kleine   waschen

Sie ist fast _____.

Sie ist innen und außen _____.

Man muss sie _____, bevor man sie isst.

Sie hat außen viele _____ Kerne.

Es ist eine _____.

Ausdauertraining

7 Schreibe jetzt selbst ein Rätsel.

Aufgepasst! Zwei Merkmale sind falsch. Streiche sie durch.

rund und rot   braune Schale
außen fest   saftig
innen kleine Kerne   scharf

Sie ist

Es ist eine _____.

Obst und Gemüse beschreiben

1 Hast du Lust bekommen, ein Rätsel zu erfinden? Dann nimm einen Gegenstand aus deiner Schultasche.

Es ist _____.

2 Male ein Bild von deinem Gegenstand in das Feld.

3 Schreibe nun dein Rätsel auf ein extra Blatt.

4 Lies einer Person dein Rätsel vor. Kann sie es erraten?

Aufwärmen

Einen Sachtext schreiben

1 **In diesen Sätzen sind alle Wörter aneinandergeschrieben. Kannst du sie mit einem Strich trennen?**

FischelebenimWasser.

InsektenhabensechsBeine.

VögellegenEierundhabenFlügel.

VieleSäugetierehabeneinFell.

2 **Schreibe die Sätze richtig auf.**

Einen Sachtext schreiben

> Wenn du Wörter nicht kennst, kannst du jemanden fragen oder in einem Lexikon nachschlagen.

Pinguine

Pinguine leben auf der Südhalbkugel der Erde. Es gibt 18 Pinguinarten. Der Kaiserpinguin ist der größte. Er kann 130 Zentimeter groß werden. Pinguine sind Vögel, können aber nicht fliegen.
Ihre kräftigen Flügel benutzen sie, um unter Wasser zu schwimmen und zu tauchen.
An Land gehen sie aufrecht wie Menschen.
Ihre Füße sind sehr groß und haben Schwimmhäute.
Ihre Federn sind schwarzgrau, am Bauch sind sie weiß.
Pinguine fressen Fische und kleine Krebse.
Ihr größter Feind ist der Seeleopard. Manchmal werden sie auch von Walen gefressen.

Pinguine leben eigentlich auf dem offenen Meer. Sie gehen nur an Land, um ihre Eier auszubrüten.

Taktik

1 **Lies den Text über die Pinguine genau.**

a) Welche Informationen findest du zum Aussehen der Pinguine? Unterstreiche sie rot.

b) Wer sind die Feinde der Pinguine? Unterstreiche sie grün.

c) Was fressen Pinguine? Unterstreiche blau.

d) Weißt du auch, wo Pinguine leben? Schreibe auf.

2 **Richtig (r) oder falsch (f)?**

☐ Pinguine sind Vögel.

☐ Pinguine fressen Wale.

☐ Pinguine sind Säugetiere.

☐ Es gibt 16 Arten von Pinguinen.

[r] Ihre Flügel benutzen sie zum Schwimmen und Tauchen.

☐ Manchmal können Pinguine auch fliegen.

☐ Pinguine haben am Bauch weiße Federn.

☐ Pinguinweibchen können Eier legen.

Einen Sachtext schreiben

Ich erzähle in der Schule etwas über Elefanten. Das sind meine Lieblingstiere.

Elefanten

Elefanten leben in Afrika oder Asien.
Sie müssen ungefähr 18 Stunden am Tag fressen, um satt zu werden. Am liebsten fressen sie Blätter, Gras, Wurzeln, Früchte und Rinde.
Der Rüssel besteht aus der Nase und der Oberlippe. Mit dem Rüssel können Elefanten Wasser aufsaugen und sich Essen in den Mund stecken. Außerdem atmen sie durch den Rüssel und können damit trompeten.
Elefantenweibchen bekommen nur alle vier Jahre ein Junges. Die Schwangerschaft dauert ungefähr 22 Monate, also fast zwei Jahre.
Elefanten können gut schwimmen und haben ein gutes Gedächtnis.

Ausdauertraining

1 Hilf Frieda, das Wichtigste über Elefanten aufzuschreiben.

Wo leben Elefanten?

Was fressen sie?

Elefanten

Was können Elefanten mit dem Rüssel machen?

Was sind weitere Besonderheiten?

Einen Sachtext schreiben

Das habe ich schon über die Katze herausgefunden.

Aussehen
weiches dichtes Fell

Schwanz ungefähr 30 Zentimeter

Augen/Ohren
sieht und hört sehr gut

Augen leuchten in der Nacht

Katze

Tasthaare
fühlen im Dunkeln die Umgebung

Zähne
sehr spitz

Ernährung
frisst Fleisch

am liebsten Mäuse, Vögel und Fische

Besonderheiten
landet auf ihren Füßen

klettert gut auf Bäume

kann sehr schnell laufen

Ausdauertraining

2 **Bestimmt kannst du Konrad helfen, einen Text über die Katze aufzuschreiben. Nutze die Informationen von Seite 28.**

Die Katze

Die Katze hat weiches dichtes Fell. Ihr Schwanz

Schreibe auf einem Blatt weiter, wenn der Platz nicht reicht.

Einen Sachtext schreiben

1 Welches ist dein Lieblingstier? Male ein Bild in das Feld.

Mein Lieblingstier ist _____.

2 Wo kannst du dich über dein Lieblingstier informieren?

- ☐ in der Bücherei
- ☐ auf dem Spielplatz
- ☐ im Internet
- ☐ im Zoo
- ☐ im Fernsehprogramm
- ☐ bei Freunden
- ☐ in der Schule
- ☐ bei einem Experten

3 Schreibe nun einen Text über dein Lieblingstier auf ein extra Blatt.

Eine Nachricht verfassen

1 Welche Anrede passt zu welcher Person? Verbinde sie.

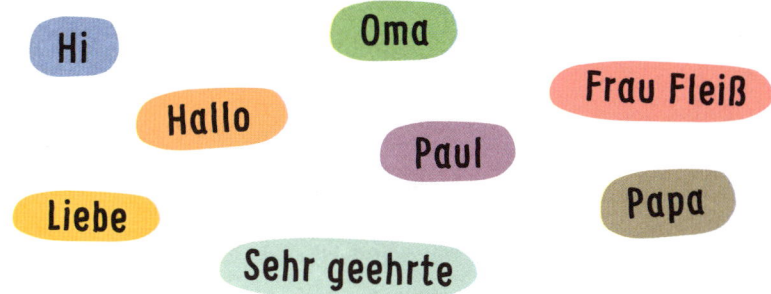

Hi · Hallo · Liebe · Oma · Paul · Sehr geehrte · Frau Fleiß · Papa

2 Welche Antwort passt zu welcher Frage?

Wann? · Wo? · Wer? · am Samstag um 15.00 Uhr · Konrad · vor dem Kino

3 Schreibe die richtigen Antworten in die Lücken.

Am _____ um _____

trifft sich Frieda mit _____ vor dem

_____ .

Eine Nachricht verfassen

Paul telefoniert mit Mira. Sie ist die Freundin seiner Schwester Carla.

Hallo Paul. Kann ich Carla sprechen?

Hallo Mira! Nein, sie ist nicht zu Hause.

Kannst du Carla ausrichten, dass wir uns heute um 15.30 Uhr vor dem Eiscafé treffen? Zuerst gehen wir Eis essen und danach auf den Spielplatz.

Ich schreibe es ihr auf. Ich muss nämlich gleich zum Fußballtraining.

Danke. Tschüss Paul.

1 **Lies das Telefongespräch. Findest du die Antworten auf die W-Fragen? Unterstreiche sie mit diesen Farben:**

a) Wer hat angerufen?
b) Wo soll Carla hinkommen?
c) Wann soll sie kommen?
d) Was wollte sie?

Eine Nachricht enthält wichtige Informationen für den Empfänger. Die W-Fragen helfen dir.

Taktik

2 Schreibe jetzt die Nachricht für Carla auf.

auf den Spielplatz   heute   15.30 Uhr   Eis essen   Carla   Eiscafé   Mira

Hallo _____,

_____ hat angerufen.

Du sollst _____ um _____

zum _____ kommen.

Sie möchte mit dir _____

und _____ gehen.

Paul

Eine Nachricht hat immer eine Anrede, damit man weiß, für wen sie ist.

Eine Nachricht verfassen

1 **Frieda will Konrad eine Nachricht schreiben.
Wähle zu jeder W-Frage eine Antwort aus.**

Wer hat angerufen? ☐ Anne
  ☐ Jule

Wo soll Konrad hinkommen? ☐ zu ihr nach Hause
  ☐ in die Turnhalle

Wann? ☐ heute um 14.00 Uhr
  ☐ am Samstag um 10.00 Uhr

Was wollte sie? ☐ ein Geschenk für Alex basteln
  ☐ Hockey spielen

2 **Jetzt kannst du Friedas Nachricht sicher ergänzen.**

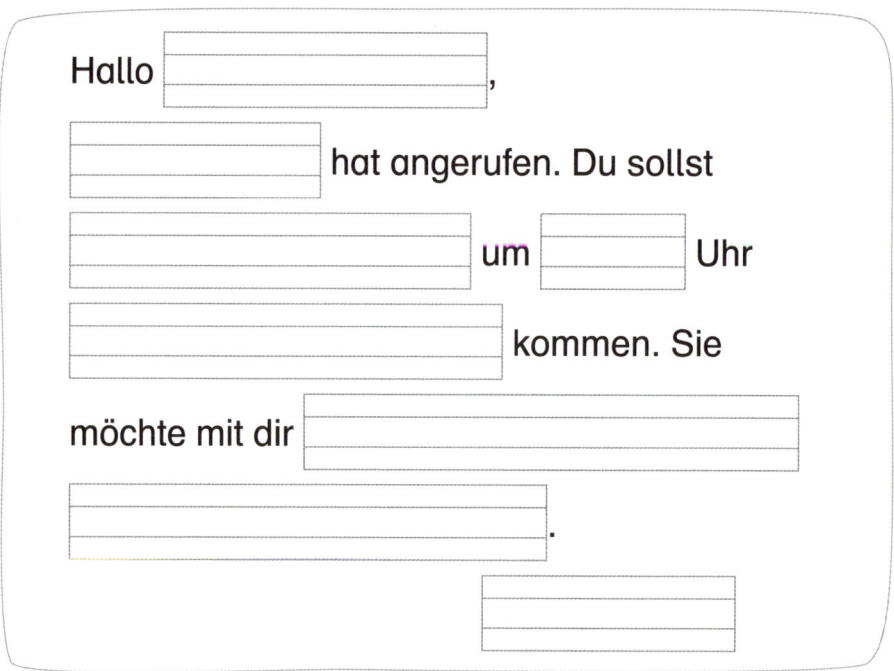

Hallo _____,

_____ hat angerufen. Du sollst

_____ um _____ Uhr

_____ kommen. Sie

möchte mit dir _____

_____.

Ausdauertraining

3 **Lies beide Nachrichten genau. Werden alle W-Fragen beantwortet?**

> Hallo Noah,
> Lilly hat angerufen. Sie will dich morgen um 16.30 Uhr auf dem Spielplatz an der Heidestraße treffen und dann mit dir den Hund von ihrer Oma ausführen.
>   Kerem

> Hi Mara,
> eine Marie hat angerufen. Sie will mit dir heute um 15.00 Uhr Hausaufgaben machen, weil sie etwas nicht verstanden hat.
>   Ben

☐ Anrede
☐ Wer?   ☐ Wann?
☐ Wo?   ☐ Was?
☐ Unterschrift

☐ Anrede
☐ Wer?   ☐ Wann?
☐ Wo?   ☐ Was?
☐ Unterschrift

4 Was fehlt?

In der Nachricht von _____ fehlt die

Antwort auf die Frage _____ .

Eine Nachricht verfassen

Ella: Mama, darf ich mich heute Nachmittag mit Luise verabreden? Wir wollen zuerst in die Bücherei und danach bei ihr spielen.

Mama: Ja gerne. Sei aber bitte um 18.00 Uhr wieder zu Hause. Und schreibe Papa eine Nachricht, weil ich auch um 17.00 Uhr weg muss.

5 Hilf Ella, die Nachricht für ihren Papa zu schreiben.

Lieber Papa,

Ausdauertraining

6 Alex will dir eine Postkarte aus dem Urlaub schicken. Schreibe deine Adresse richtig auf.

7 Was könnte auf der Rückseite der Postkarte zu sehen sein? Lies den Text und male ein passendes Bild.

38 Eine Nachricht verfassen

8 Kannst du Frieda helfen, eine Postkarte an ihren Opa zu schreiben? Nutze die Notizen unten und schreibe in der Ich-Form.

> Lieber Opa,
> ich bin mit Mama und Papa in Holland.
>
>
>
> Deine Frieda

- Essen ist lecker
- bade jeden Tag im Meer
- baue viele Sandburgen
- Viele Grüße

Mit einer Postkarte kannst du Nachrichten verschicken.

Ausdauertraining

9 Setze auch die Teile der Adresse in der richtigen Reihenfolge zusammen. Male eine Briefmarke dazu.

52043 Wunschstadt   Peter Fiedler

Mühlenstr. 8

10 Richtig (r) oder falsch (f)?

☐ Mit einer Postkarte kannst du Nachrichten verschicken.

☐ Eine Postkarte braucht keine Anrede.

☐ Auf einer Postkarte müssen der Name und die Adresse des Empfängers stehen.

Eine Nachricht verfassen

1 **Verbinde die Bilder mit den passenden Texten.**

Liebe Mama,
ich bin bei Laura,
komme um 18.00
Uhr nach Hause.
　　　　Frieda

Lieber Alex,
ich lade dich am 13. Mai
zu meinem Geburtstag ein.
Komme um 15.00 Uhr zu
mir. Um 19.00 Uhr wirst du
nach Hause gebracht. Bitte
bringe Schwimmsachen
mit.
　　　　Deine Frieda

von:	Konrad.Duden@mail.de
an:	julia.maier@line.de

Liebe Tanta Julia,
gestern war ich mit meiner Klasse im Zoo. Wir haben
viele Tiere gesehen. Am besten haben mir die
Elefanten gefallen. Dein Konrad

Liebe Frieda, danke
für die Einladung ☺
Ich komme 👍
Dein Alex

Liebe Oma,
viele Grüße aus den
Ferien an der Nordsee
sendet dir Alex.
Es ist toll hier, wir gehen
jeden Tag an den Strand.

Taktik

1 Weißt du, wer ich bin?

Ich mag Schule, Streit mag ich nicht.

Ich mag Mia, Hausaufgaben mag ich nicht.

Ich mag Spaghetti, Spinnen mag ich nicht.

Ich habe lockige braune Haare.
Ich spiele gern Fußball.
Am liebsten esse ich Spaghetti.
Spinnen mag ich nicht.
Konrad ist mein Freund.

Ich heiße **Frieda**.

Ich habe dunkle Haare.
Ich mag Konrads Katze Mia.
Ich esse gern Eis.
Hausaufgaben mag ich nicht.
Frieda ist meine Freundin.

Ich heiße **Alex**.

Im Steckbrief werden die wichtigsten Merkmale einer Person zusammengefasst.

Einen Steckbrief schreiben

2 Kannst du den Steckbrief über Konrad ausfüllen?

2. Klasse   *8 Jahre*

Ich mag Deutsch, aber kein Kunst.

Ich heiße **Konrad** und bin **8** Jahre alt.
Meine Schule ist die **Dudenschule**.
Ich gehe in die **2.** Klasse.
Mein Lieblingsfach ist **Deutsch**.
Das Fach mag ich nicht: **Kunst**.
Meine besten Freunde sind **Frieda und Alex**.
Das machen wir gern zusammen: **mit der Katze Mia spielen**.
Das kann ich gut: **schreiben**.

Einen Steckbrief schreiben

3 Was passt zu dir? Sortiere die Verben in die Spalten ein.

malen   schreiben   denken   lesen   klettern
bauen   singen   rennen   schwimmen
kochen   rechnen   reiten   springen   backen
zaubern   helfen   lachen

Das kann ich gut.	Das kann ich nicht so gut.
malen	zaubern
lesen	kochen
singen	rennen
lachen	reiten
springen	rechnen
schwimmen	denken
helfen	klettern
schreiben	bauen
	backen

(Lösungsbeispiel)

Ausdauertraining

4 Was kannst du gut? Schreibe drei Sätze so auf:

Ich kann gut Lieder singen. Ich kann gut Geschichten schreiben. Ich kann gut Bilder malen. Ich kann gut anderen Kindern helfen.

(Lösungsbeispiel)

5 Was kannst du nicht so gut? Schreibe drei Sätze so auf:

Ich kann nicht so gut auf Bäume klettern. Ich kann nicht so gut rennen. Ich kann nicht so gut Minusaufgaben rechnen. Ich kann nicht so gut mit Sand bauen.

(Lösungsbeispiel)

Einen Steckbrief schreiben

Tipp: Schaue noch einmal auf den Seiten 9 bis 11 nach.

6 Schreibe nun über dich.

Ich heiße Lina
Ich bin 8 Jahre alt.
Meine Schule: Heideschule
Ich gehe in die Klasse 2
Mein Lieblingsfach ist Sport
Das Fach habe ich gar nicht gern: Mathe
Meine Freunde heißen Karim und Ella
Ich mag gern Bücher lesen
aber Minusaufgaben rechnen mag ich nicht.
Ich kann gut mit Lego bauen
aber auf einem Bein hüpfen kann ich nicht.
Besonders gern mag ich an mir, dass ich viele
Freunde habe

(Lösungsbeispiel)

Obst und Gemüse beschreiben

1 Findest du vier Obst- und vier Gemüsesorten? Kreise sie ein.

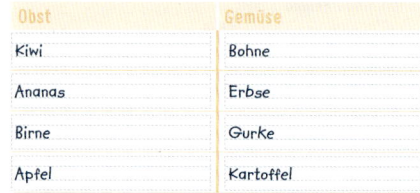

D	A	N	A	N	A	S	H	A
G	R	T	S	M	G	L	E	P
U	X	B	H	N	K	E	T	F
R	B	I	L	B	G	J	R	E
K	A	R	T	O	F	F	E	L
E	K	N	R	H	I	E	G	S
I	L	E	N	N	B	G	R	X
S	T	S	X	E	R	B	S	E
K	I	W	I	E	T	H	K	I

2 Schreibe die Sorten auf.

Obst	Gemüse
Kiwi	Bohne
Ananas	Erbse
Birne	Gurke
Apfel	Kartoffel

Welche Sorte isst du am liebsten? Kreise sie grün ein.
(eigene Lösung)

Taktik

1 Bestimmt kannst du immer zwei Adjektive den Obst- und Gemüsesorten zuordnen.

Ein Rätsel beschreibt etwas genau. Dafür benötigst du Adjektive.

länglich   braun   dick   rund
saftig   fest   rot   weich   grün
sauer   süß   gelb   dünn
klein   orange   scharf

sauer, gelb, fest

rot, saftig, klein, süß, weich

orange, länglich, dünn, fest

saftig, rund, süß, fest

scharf, rund, braun, fest

(Die Adjektive können mehrmals zugeordnet werden.)

Obst und Gemüse beschreiben

2 Kannst du die Rätsel lösen? Schreibe die Antworten auf und verbinde sie mit dem passenden Bild.

Sie ist länglich, dünn und grün. Man kann sie mit und ohne Schale essen.
Gurke

Komm, wir spielen Obst- und Gemüseraten.

Von außen ist es rot, innen ist es weiß. Es ist klein und rund. Es schmeckt scharf.
Radieschen

Sie ist grün, rot oder gelb. Man muss sie vor dem Essen waschen. Innen ist sie hohl und voller Kerne.
Paprika

Sie ist rund und orange. Vor dem Essen muss man sie schälen. Sie schmeckt leicht sauer.
Apfelsine/Orange

Ausdauertraining

Hier sind zwei Rätsel durcheinandergeraten.

- Sie ist länglich und gebogen.
- Sie ist länglich oder rund.
- Sie hat eine braune Schale.
- Sie hat eine gelbe Schale.
- Man kann sie mit oder ohne Schale essen.
- Man muss sie vor dem Essen schälen.
- Innen ist sie fast weiß und weich.
- Innen ist sie gelb und sehr fest.
- Man muss sie kochen oder braten, bevor man sie isst.
- Man kann sie direkt nach dem Schälen essen.

1 Markiere die Sätze, die zur Banane passen, gelb.

2 Markiere die Sätze, die zur Kartoffel passen, braun.

Obst und Gemüse beschreiben

3 Schreibe das Rätsel über die Banane oder die Kartoffel auf.

Bananenrätsel:
Sie ist länglich und gebogen.
Sie hat eine gelbe Schale.
Man muss sie vor dem Essen schälen.
Innen ist sie fast weiß und weich.
Man kann sie direkt nach dem Schälen essen.

Es ist eine Banane.

Kartoffelrätsel:
Sie ist länglich oder rund.
Sie hat eine braune Schale.
Man kann sie mit oder ohne Schale essen. Innen ist sie gelb und sehr fest.
Man muss sie kochen oder braten, bevor man sie isst.

Es ist eine Kartoffel.

4 Hast du Lust bekommen, das zweite Rätsel aufzuschreiben? Dann nimm dir ein extra Blatt.

Ausdauertraining

Form: rund, länglich, spitz, gebogen, oval

Größe: klein, groß, mittelgroß

Farbe: rot, gelb, grün, orange, braun

Besonderheiten: harte Schale, weiche Schale, keine Schale, viele Kerne innen, kleine Kerne außen, ein harter Kern

So kann Obst und Gemüse aussehen.

5 Ordne zu.

Farbe	grün
Größe	mittelgroß
Form	länglich
Besonderheit	viele Kerne innen

Farbe	orange
Größe	mittelgroß bis groß
Form	rund
Besonderheit	harte Schale

Obst und Gemüse beschreiben

6 Schaue dir die Früchte gut an. Kannst du die Wörter richtig einsetzen?

grün   braun   schälen   länglich

Sie ist **länglich** und außen **braun**.

Vor dem Essen muss man sie **schälen**.

Innen ist sie **grün**.

Es ist eine **Kiwi**.

rot   rund   kleine   waschen

Sie ist fast **rund**.

Sie ist innen und außen **rot**.

Man muss sie **waschen**, bevor man sie isst.

Sie hat außen viele **kleine** Kerne.

Es ist eine **Erdbeere**.

Ausdauertraining

7 Schreibe jetzt selbst ein Rätsel.

Aufgepasst! Zwei Merkmale sind falsch. Streiche sie durch.

rund und rot
außen fest
innen kleine Kerne

~~braune Schale~~
saftig
~~scharf~~

Sie ist rund und rot.

Sie ist außen fest.

Sie hat innen kleine Kerne.

Sie ist saftig.

Es ist eine Tomate.

Aufwärmen

Einen Sachtext schreiben

1 In diesen Sätzen sind alle Wörter aneinandergeschrieben. Kannst du sie mit einem Strich trennen?

Fische|leben|im|Wasser.

Insekten|haben|sechs|Beine.

Vögel|legen|Eier|und|haben|Flügel.

Viele|Säugetiere|haben|ein|Fell.

2 Schreibe die Sätze richtig auf.

Fische leben im Wasser.

Insekten haben sechs Beine.

Vögel legen Eier und haben Flügel.

Viele Säugetiere haben ein Fell.

Einen Sachtext schreiben

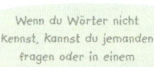

Wenn du Wörter nicht kennst, kannst du jemanden fragen oder in einem Lexikon nachschlagen.

Pinguine
Pinguine leben auf der Südhalbkugel der Erde. Es gibt 18 Pinguinarten. Der Kaiserpinguin ist der größte. <u>Er kann 130 Zentimeter groß werden.</u> Pinguine sind Vögel, können aber nicht fliegen.
<u>Ihre kräftigen Flügel benutzen sie,</u> um unter Wasser zu schwimmen und zu tauchen.
<u>An Land gehen sie aufrecht wie Menschen.</u>
<u>Ihre Füße sind sehr groß und haben Schwimmhäute.</u>
<u>Ihre Federn sind schwarzgrau, am Bauch sind sie weiß.</u>
<u>Pinguine fressen Fische und kleine Krebse.</u>
<u>Ihr größter Feind ist der Seeleopard. Manchmal werden sie auch von Walen gefressen.</u>

Pinguine leben eigentlich auf dem offenen Meer. Sie gehen nur an Land, um ihre Eier auszubrüten.

Taktik

1 Lies den Text über die Pinguine genau.
   a) Welche Informationen findest du zum Aussehen der Pinguine? Unterstreiche sie rot.
   b) Wer sind die Feinde der Pinguine? Unterstreiche sie grün.
   c) Was fressen Pinguine? Unterstreiche blau.
   d) Weißt du auch, wo Pinguine leben? Schreibe auf.

Sie leben auf der Südhalbkugel der Erde.

2 Richtig (r) oder falsch (f)?

r Pinguine sind Vögel.

f Pinguine fressen Wale.

f Pinguine sind Säugetiere.

f Es gibt 16 Arten von Pinguinen.

r Ihre Flügel benutzen sie zum Schwimmen und Tauchen.

f Manchmal können Pinguine auch fliegen.

r Pinguine haben am Bauch weiße Federn.

r Pinguinweibchen können Eier legen.

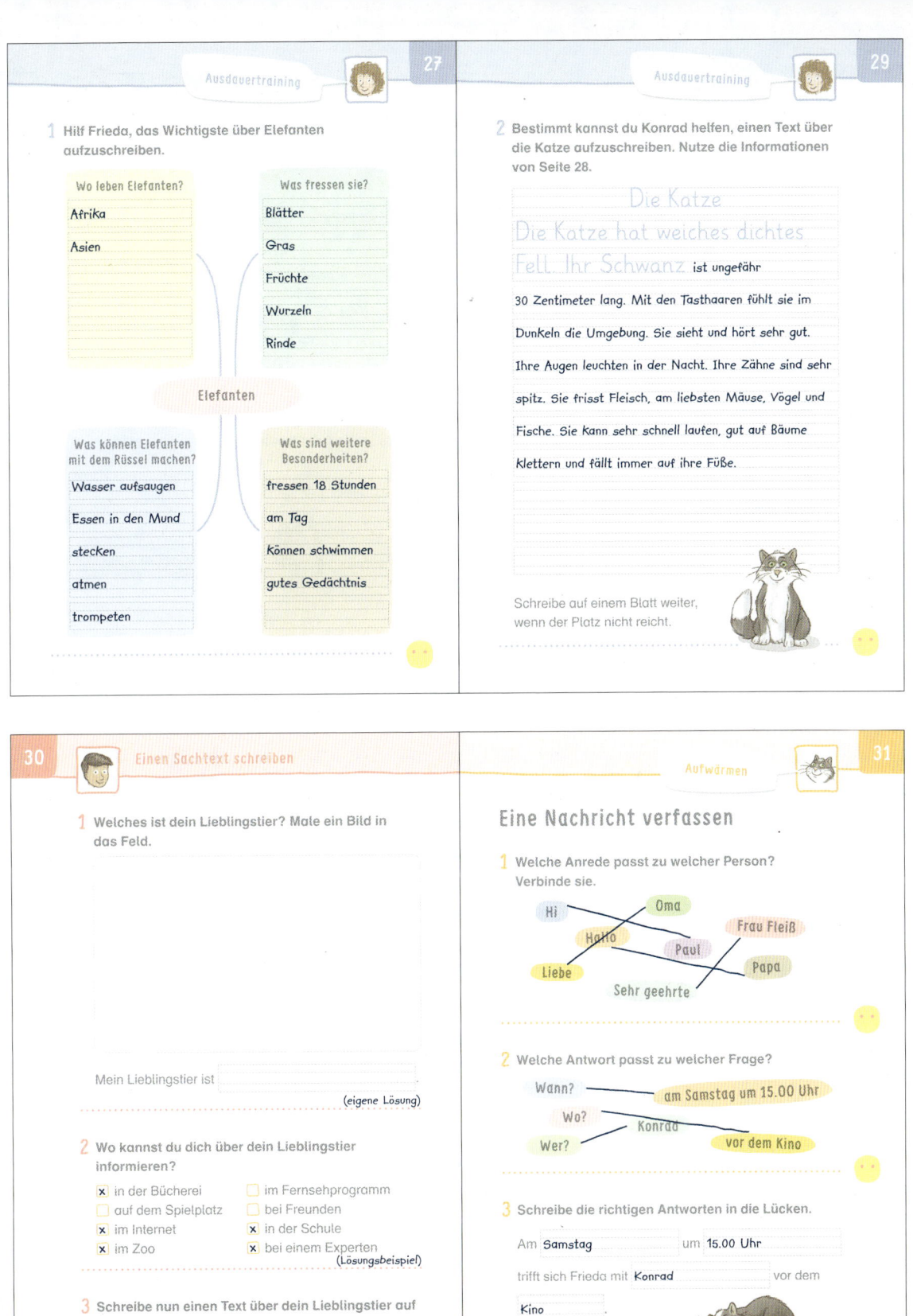

32 — Eine Nachricht verfassen

Paul telefoniert mit Mira. Sie ist die Freundin seiner Schwester Carla.

- Hallo Paul. Kann ich Carla sprechen?
- Hallo Mira! Nein, sie ist nicht zu Hause.
- Kannst du Carla ausrichten, dass wir uns heute um 15.30 Uhr vor dem Eiscafé treffen? Zuerst gehen wir Eis essen und danach auf den Spielplatz.
- Ich schreibe es ihr auf. Ich muss nämlich gleich zum Fußballtraining.
- Danke. Tschüss Paul.

1 Lies das Telefongespräch. Findest du die Antworten auf die W-Fragen? Unterstreiche sie mit diesen Farben:

a) **Wer** hat angerufen?
b) **Wo** soll Carla hinkommen?
c) **Wann** soll sie kommen?
d) **Was** wollte sie?

> Eine Nachricht enthält wichtige Informationen für den Empfänger. Die W-Fragen helfen dir.

33 — Taktik

2 Schreibe jetzt die Nachricht für Carla auf.

auf den Spielplatz heute 15.30 Uhr Eis essen Carla Eiscafé Mira

Hallo **Carla**,
Mira hat angerufen.
Du sollst **heute** um **15.30 Uhr**
zum **Eiscafé** kommen.
Sie möchte mit dir **Eis essen**
und **auf den Spielplatz** gehen.
                                   Paul

> Eine Nachricht hat immer eine Anrede, damit man weiß, für wen sie ist.

34 — Eine Nachricht verfassen

1 Frieda will Konrad eine Nachricht schreiben. Wähle zu jeder W-Frage eine Antwort aus.

Wer hat angerufen? ☒ Anne   ☐ Jule

Wo soll Konrad hinkommen? ☒ zu ihr nach Hause   ☐ in die Turnhalle

Wann? ☒ heute um 14.00 Uhr   ☐ am Samstag um 10.00 Uhr

Was wollte sie? ☒ ein Geschenk für Alex basteln   ☐ Hockey spielen

2 Jetzt kannst du Friedas Nachricht sicher ergänzen.

Hallo **Konrad**,
Anne hat angerufen. Du sollst
heute um **14.00** Uhr
zu ihr nach Hause kommen. Sie
möchte mit dir **ein Geschenk für Alex**
basteln
                                   Frieda
(Lösungsbeispiel)

35 — Ausdauertraining

3 Lies beide Nachrichten genau. Werden alle W-Fragen beantwortet?

Hallo Noah,
Lilly hat angerufen. Sie will dich morgen um 16.30 Uhr auf dem Spielplatz an der Heidestraße treffen und dann mit dir den Hund von ihrer Oma ausführen.
                        Kerem

Hi Mara,
eine Marie hat angerufen. Sie will mit dir heute um 15.00 Uhr Hausaufgaben machen, weil sie etwas nicht verstanden hat.
                        Ben

☒ Anrede   ☒ Anrede
☒ Wer?   ☒ Wann?   ☒ Wer?   ☒ Wann?
☒ Wo?   ☒ Was?   ☐ Wo?   ☒ Was?
☒ Unterschrift   ☒ Unterschrift

4 Was fehlt?

In der Nachricht von **Ben** fehlt die
Antwort auf die Frage **Wo?**

Eine Nachricht verfassen

Ella: Mama, darf ich mich heute Nachmittag mit Luise verabreden? Wir wollen zuerst in die Bücherei und danach bei ihr spielen.

Mama: Ja gerne. Sei aber bitte um 18.00 Uhr wieder zu Hause. Und schreibe Papa eine Nachricht, weil ich auch um 17.00 Uhr weg muss.

5 Hilf Ella, die Nachricht für ihren Papa zu schreiben.

Lieber Papa, ich bin mit Luise verabredet.
Wir wollen zuerst in die Bücherei und danach bei ihr spielen. Ich bin um 18.00 Uhr wieder zu Hause.
Ella

Ausdauertraining

6 Alex will dir eine Postkarte aus dem Urlaub schicken. Schreibe deine Adresse richtig auf.

Liebe(r) Florian,
ich mache mit meinen Eltern Urlaub an einem See. Hier scheint jeden Tag die Sonne. Rings um den See sieht man hohe Berge. Auf manchen liegt sogar Schnee. Auf dem See gibt es auch Segelboote.
Bis bald Dein
Alex

Florian Meis
Brinckstr. 55
52043 Wunschstadt

(Lösungsbeispiel)

7 Was könnte auf der Rückseite der Postkarte zu sehen sein? Lies den Text und male ein passendes Bild.

(eigene Lösung)

Eine Nachricht verfassen

8 Kannst du Frieda helfen, eine Postkarte an ihren Opa zu schreiben? Nutze die Notizen unten und schreibe in der Ich-Form.

Lieber Opa,
ich bin mit Mama und Papa in Holland. Ich bade jeden Tag im Meer und baue viele Sandburgen. Das Essen ist lecker.
Viele Grüße
Deine Frieda

(Die Reihenfolge der Sätze kann variieren.)

Essen ist lecker
bade jeden Tag im Meer
baue viele Sandburgen
Viele Grüße

Mit einer Postkarte kannst du Nachrichten verschicken.

Ausdauertraining

9 Setze auch die Teile der Adresse in der richtigen Reihenfolge zusammen. Male eine Briefmarke dazu.

Peter Fiedler
Mühlenstr. 8
52043 Wunschstadt

52043 Wunschstadt   Peter Fiedler
Mühlenstr. 8

10 Richtig (r) oder falsch (f)?

- **r** Mit einer Postkarte kannst du Nachrichten verschicken.
- **f** Eine Postkarte braucht keine Anrede.
- **r** Auf einer Postkarte müssen der Name und die Adresse des Empfängers stehen.

Eine Nachricht verfassen

1 Verbinde die Bilder mit den passenden Texten.

Liebe Mama,
ich bin bei Laura,
komme um 18.00
Uhr nach Hause.
    Frieda

Lieber Alex,
ich lade dich am 13. Mai
zu meinem Geburtstag ein.
Komme um 15.00 Uhr zu
mir. Um 19.00 Uhr wirst du
nach Hause gebracht. Bitte
bringe Schwimmsachen
mit.
    Deine Frieda

von: Konrad.Duden@mail.de
an: julia.maier@line.de
Liebe Tante Julia,
gestern war ich mit meiner Klasse im Zoo. Wir haben
viele Tiere gesehen. Am besten haben mir die
Elefanten gefallen. Dein Konrad

Liebe Frieda, danke
für die Einladung ☺
Ich komme 👍
Dein Alex

Liebe Oma,
viele Grüße aus den
Ferien an der Nordsee
sendet dir Alex.
Es ist toll hier, wir gehen
jeden Tag an den Strand.

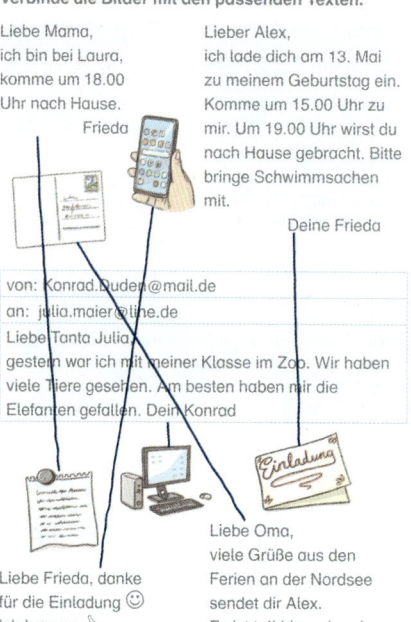

Eine Bastelanleitung schreiben

Aufwärmen

1 Kannst du die Wörter richtig in die Spalten einsortieren?

schneiden   Papier   knicken   Buntstifte   Wollfaden   essen   kleben   falten   Marmelade   Schere   Kleber   malen   Locher   binden

Das mache ich.	Diese Dinge benötige ich.
schneiden	Buntstifte
knicken	Papier
kleben	Wollfaden
falten	Schere
malen	Kleber
binden	Locher

2 Zwei Wörter passen nicht dazu. Findest du sie?

essen   Marmelade

Eine Bastelanleitung schreiben

Bei einer Bastelanleitung schreibst du zuerst die benötigten Materialien auf und beschreibst dann jeden einzelnen Schritt.

Ein Lesezeichen basteln

1 Schaue dir die Bilder genau an. Welche Materialien benötigst du für das Lesezeichen?

- ☐ Messer
- ☒ Papier
- ☒ Locher
- ☐ Hammer
- ☒ Buntstifte
- ☒ Schere
- ☐ Nadel
- ☒ Wollfaden
- ☐ Kleber

Taktik

2 Schreibe hier noch einmal auf, welche Materialien du brauchst, um das Lesezeichen zu basteln.

Papier, Buntstifte, Wollfaden, Locher, Schere

3 Welcher Arbeitsschritt gehört zu welchem Bild? Trage die Ziffern in die Kästchen.

- [2] an der Faltlinie abschneiden
- [1] einen fünf Zentimeter breiten Streifen falten
- [6] mit Buntstiften anmalen
- [3] am schmalen Stück auf einer Seite ein Loch stanzen
- [5] einen Knoten machen
- [4] einen Wollfaden durch das Loch ziehen

Bei einer Bastelanleitung ist die richtige Reihenfolge wichtig.

Eine Bastelanleitung schreiben

1 Frieda erklärt, wie man ein Indianerstirnband bastelt. Ordne die Satzanfänge richtig zu.

zuerst   dann   nun   jetzt
zuletzt   anschließend   danach

Bastelanleitung für ein Indianerstirnband

Zuerst knickt man von der langen Seite des Papiers einen ungefähr drei Zentimeter breiten Streifen ab.

Dann schneidet man ihn mit der Schere ab.

Danach macht man das Gleiche noch einmal.

Jetzt klebt man an einer Stelle die beiden kurzen Stellen aneinander. Anschließend bemalt man den langen Streifen mit einem schönen Indianermuster.

Nun klebt man die beiden Enden zu einem Band zusammen. Zuletzt steckt man eine Feder in die zusammengeklebte Stelle.

(Bis auf den ersten und letzten Satz können die Satzanfänge auch variieren.)

Ausdauertraining

2 Frieda hat in der Man-Form erklärt. Du kannst sicher die Verben in die Ich-Form setzen.

knicken   bemalen   schneiden
kleben   machen   stecken
       können

knicken — ich knicke

bemalen – ich bemale

schneiden – ich schneide

kleben – ich klebe

können – ich kann

machen – ich mache

stecken – ich stecke

3 Welche Materialien braucht Frieda? Unterstreiche sie im Text auf Seite 44 und schreibe sie hier auf.

Papier, Schere, Kleber, Buntstifte, Feder

Eine Bastelanleitung schreiben

4 Schaue dir die Bilder an. Weißt du, welche Materialien Alex für sein Knautschgesicht benötigt?

"Ich bastle ein Knautschgesicht."

Luftballon

Trichter

Sand

schwarzer Filzstift

5 Hilf Alex, die Bastelanleitung für das Knautschgesicht in der Ich-Form aufzuschreiben.

Ein Knautschgesicht basteln

1. Trichter in den Luftballon stecken

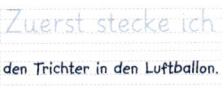

Zuerst stecke ich den Trichter in den Luftballon.

Ausdauertraining

2. Sand in Luftballon füllen

Dann fülle ich Sand in den Luftballon.

3. Knoten in den Luftballon machen

Nun mache ich einen Knoten in den Luftballon.

4. Gesicht aufmalen

Zuletzt male ich mit dem Filzstift ein Gesicht auf.

"Jetzt kann ich mein Knautschgesicht mit der Hand formen."

Ausdauertraining

6 Schreibe nun die Bastelanleitung für den Kraken in der Ich-Form auf. Diese Satzanfänge helfen dir:

zuerst   dann   danach   jetzt   zuletzt

<u>Zuerst bestreiche ich</u> eine Kante mit Kleber. Dann klebe ich die Kanten zu einer Rolle zusammen. Danach schneide ich die Rolle mit einer Schere ungefähr zehnmal bis zur Mitte ein. Jetzt male ich mit Filzstift ein Gesicht auf die Rolle und Kreise auf die Streifen. Zuletzt rolle ich die Streifen über einen Stift auf.

7 Überprüfe deine Bastelanleitung mit der Checkliste.

	☺	😐	☹
Ich habe die Reihenfolge eingehalten.			
Ich habe in der Ich-Form geschrieben.			
Ich habe verschiedene Satzanfänge verwendet.			

Eine Bastelanleitung schreiben

Was benötigst du wohl, um die Maske zu basteln?

1 Welche Materialien brauchst du für die Tiermaske?

Pappteller, Schere, Klebestift, schwarze Pappe, schwarzer Filzstift

2 Jetzt weißt du, welche Materialien du für die Tiermaske benötigst. Hast du Lust bekommen, sie zu basteln?

Aufwärmen

Eine Bildergeschichte schreiben

(in den Sommerferien) (Frieda) (am Mittwoch)
(im Winter) (im Park) (Konrad) (die Kinder)
(vor der Schule) (der Clown) (die Lehrerin) (morgens)
(Alex) (an der Bushaltestelle) (am Abend) (im Zirkuszelt)
(um 9.00 Uhr) (im Supermarkt) (um 15.00 Uhr)
(auf dem Spielplatz) (ein Mann) (im Bus)

1 Wer könnten die Hauptpersonen sein?
Kreise grün ein.

2 Wo könnte die Geschichte spielen? Kreise rot ein.

3 Wann könnte die Geschichte spielen?
Kreise gelb ein.

Eine Bildergeschichte schreiben

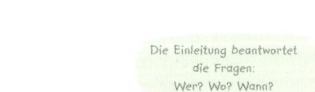

Die Einleitung beantwortet die Fragen: Wer? Wo? Wann?

1 Welcher Satz beantwortet die W-Fragen?
☐ An einem Samstag steht auf der Wiese ein Zirkuszelt.
☒ An einem Tag in den Sommerferien gehen Hanna, Emil und Theo in den Zirkus.
☐ Hanna, Emil und Theo treffen sich heute.

2 Unterstreiche im richtigen Satz mit diesen Farben:
a) Wer spielt mit?
b) Wo spielt die Geschichte?
c) Wann spielt die Geschichte?

53 Taktik

3 Welche Überschrift findest du passend?
- ☐ Die Kinder gehen in den Zirkus
- ☐ Der Zirkus ist in der Stadt
- ☒ Lustiger Clownspass im Zirkus
- ☐ Ein Erlebnis in den Sommerferien
- ☐ Ein schönes Zirkuszelt

Die Überschrift soll neugierig machen, aber nicht zu viel verraten.

4 Was sagt wohl Emil zu Hanna und Theo vor dem Zirkuszelt?

„Ich freue mich besonders auf die lustigen Clowns."

(Lösungsbeispiel)

54 Eine Bildergeschichte schreiben

1 Welche Sätze gehören zusammen? Verbinde sie.

Es ist ein — schöner Sommertag.
Frieda und Konrad — verabreden sich.
Sie gehen — auf den Spielplatz.

2 Schreibe nun die drei Einleitungssätze auf.

Es ist ein schöner Sommertag. Frieda und Konrad verabreden sich. Sie gehen auf den Spielplatz.

55 Ausdauertraining

3 Hast du eine Idee, was passieren könnte?

Frieda könnte so hoch schaukeln, dass sie sich überschlägt, von der Schaukel fliegt und sich verletzt.

4 Warum hält sich Konrad die Hände vor den Mund?

Konrad hat Angst, dass Frieda von der Schaukel fällt und sich verletzt.

5 Du findest sicher eine passende Überschrift, die neugierig macht.

Gefährliches Schaukeln

(Lösungsbeispiel)

Damit die Überschrift gut zur Geschichte passt, schreibst du sie zum Schluss.

56 Eine Bildergeschichte schreiben

6 Schaue dir das Bild gut an und überlege, was vorher passiert ist. Schreibe zwei Einleitungssätze.

Es ist Samstag und Herr Müller arbeitet in seinem Garten. Er hat viele neue Pflanzen gesetzt, die er nun gießen möchte.

(Lösungsbeispiel)

7 Wie könnten der Mann und der Junge heißen?

Herr Müller, Herr Meier   Max, Ben, Kian

(Lösungsbeispiele)

Ausdauertraining

8 Was ruft oder denkt der Mann wohl, als kein Wasser aus dem Schlauch kommt?

„Warum kommt denn bloß kein Wasser aus dem Schlauch?"

(Lösungsbeispiel)

9 Zwei Schlusssätze passen. Findest du sie?

Der Schluss ist kurz und erzählt kein neues Ereignis.

- [x] Kurz darauf lacht der platschnasse Mann: „Oh, eine schöne Abkühlung."
- [ ] Der Mann ist ganz nass. Er ist sauer und geht ins Haus, um sich umzuziehen. Danach setzt er sich in seinen Sessel und liest die Zeitung.
- [x] Der Junge kommt um die Ecke und ruft: „Das wollte ich nicht." Dann müssen beide lachen.

10 Fällt dir eine treffende Überschrift ein?

Ein nasser Samstag im Garten

(Lösungsbeispiel)

Eine Bildergeschichte schreiben

11 Der Text ist hier durcheinandergeraten. Betrachte das Bild und lies die Sätze. Nummeriere sie dann in der richtigen Reihenfolge.

5 Plötzlich hört er einen lauten Schrei. Vor Schreck bleibt er sofort stehen.
1 Heute geht Alex im Supermarkt einkaufen. Er hat schulfrei und will seiner Mutter helfen.
6 Da sieht er, dass sein Einkaufswagen direkt vor einem Turm aus Konservendosen steht.
3 Er überlegt: „Zucker, Mehl, Eier und Tomaten habe ich schon." Dann fällt ihm nicht mehr das fehlende Teil ein.
2 Den Einkaufszettel mit fünf Dingen hat er in sein Handy geschrieben.

Ausdauertraining

7 „Ui, das ist gerade noch mal gut gegangen", sagt Alex erleichtert.
4 Schnell nimmt er sein Handy aus der Hosentasche und schaut nach. Dabei geht er weiter und schiebt den Einkaufswagen vor sich her.

12 Nimm die Bildergeschichte nun genauer unter die Lupe.

a) Welche Sätze gehören zur Einleitung? Markiere sie rot.
b) Welcher Satz ist der Schlusssatz? Markiere ihn grün.
c) Was hat die Frau wohl Alex zugerufen?

„Halt! Stopp! Da ist ein Turm aus Dosen!"

(Lösungsbeispiel)

d) Bestimmt findest du auch wieder eine Überschrift.

Mit dem Handy im Supermarkt

(Lösungsbeispiel)

Eine Bildergeschichte schreiben

13 Schaue dir das Bild an. Kannst du eine Geschichte dazu schreiben? Denke an die Einleitung, an das, was passiert, und an den Schluss. Findest du auch eine Überschrift?

An einem schönen Sommertag gingen die vier Freunde Leon, Lilly, Felix und Ines auf den Fußballplatz. Sie spielten hin und her, aber kein Tor fiel.
Da spielte Leon den Ball in Richtung Tor. Torwärtin Lilly hob schon abwehrend beide Arme. Sie brüllte: „Ines, tritt den Ball!" Leider kam Ines nicht mehr an den Ball. Leon schoss den Ball an ihr vorbei direkt aufs Tor.

Ausdauertraining

Mitten in Lillys Arme. Lilly und Ines jubelten. Leon und Felix riefen: „Passt auf, gleich schießen wir ein Tor." An diesem Tag schossen beide Mannschaften noch zwei Tore und alle vier Kinder gingen glücklich und zufrieden nach Hause.

(Lösungsbeispiel)

14 Überprüfe deine Geschichte mit der Checkliste.

	😊	😐	☹️
Meine Überschrift macht neugierig.			
Die Einleitung beantwortet die Fragen: Wer? Wann? Wo?			
Ich erzähle, was tatsächlich passiert.			
Mein Schluss ist kurz und erzählt kein neues Ereignis.			

Aufwärmen

Ein Erlebnis aufschreiben

1 Zu jeder Geschichte gehört eine Einleitung. Schreibe die Wörter richtig in die Lücken.

wenige   wer   **wann**   wo

In der Einleitung schreibe ich **wo** und **wann** meine Geschichte spielt und **wer** darin vorkommt. Dafür brauche ich nur **wenige** Sätze.

2 Was musst du beachten, wenn du den Schluss einer Geschichte schreibst?

[x] Mein Schlussteil passt genau zu meiner Geschichte.
[ ] Ich schreibe einfach „Jetzt ist Schluss.".
[x] Mein Schluss hat nur ein oder zwei Sätze.
[x] Ich erzähle im Schlussteil kein neues Erlebnis.

Ein Erlebnis aufschreiben

1 Lisa hat aufgeschrieben, was sie mit Anton am Strand erlebt hat. Die Sätze sind hier durcheinandergeraten. Kannst du ihr helfen, sie zu sortieren?

Das ist nur der Hauptteil der Geschichte.

3 Sie hatte vier große Türme.
2 Anschließend verzierten wir sie mit Muscheln.
1 Anton und ich bauten am Strand eine schöne Burg.
5 Plötzlich sprang ein großer schwarzer Hund mitten auf unsere Burg.
4 Anton steckte sogar eine kleine gebastelte Fahne in einen Turm.

2 Was ruft wohl Anton, als der Hund auf die Burg springt?

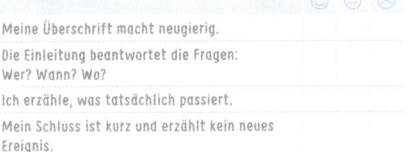
„Hey, geh weg von unserer Burg! Du machst alles kaputt!"

(Lösungsbeispiel)

Taktik

3 Schreibe zu Lisas Erlebnis einen oder zwei Einleitungssätze.

In den letzten Sommerferien waren Lisa und ihr Bruder Anton mit ihren Eltern in den Ferien in Holland. Jeden Tag gingen sie an den Strand.

(Lösungsbeispiel)

Wie könnte die Geschichte ausgehen?

4 Hier sind drei Möglichkeiten für einen Schluss. Welcher gefällt dir am besten?

[ ] Traurig gingen wir nach Hause.
[ ] Da kam der Hundebesitzer. Er entschuldigte sich und half uns die Burg wieder aufzubauen.
[ ] Wütend machten Anton und ich die ganze Burg kaputt.

(eigene Lösung)

5 Hast du eine eigene Idee für einen Schluss? Schreibe sie auf ein extra Blatt.

(eigene Lösung)

Ein Erlebnis aufschreiben

Dies ist die Einleitung einer Geschichte.

Frieda, Konrad und Alex waren gestern verabredet. Sie wollten in den Tierpark gehen und waren schon ganz aufgeregt.

1 Kannst du die Fragen zur Einleitung beantworten?

Wer sind die Hauptpersonen?

Frieda, Konrad und Alex

Wann spielt die Geschichte?

gestern

Wo spielt die Geschichte?

im Tierpark

Im Hauptteil erzählst du ausführlich, was passiert ist.

Zuerst kauften sie Tierfutter. Dann gingen sie zum Wildgehege und legten sich etwas von dem Tierfutter auf die Hand und fütterten die Tiere. Anschließend gingen sie zum Streichelzoo. Frieda nahm ein Meerschweinchen auf den Arm. (1) Konrad und Alex streichelten die Kaninchen. Schließlich kamen sie zu den Eseln. Alex wollte sofort auf einem Esel reiten. Er kletterte hinauf und ein Mann führte den Esel an einer Leine im Kreis. Plötzlich blieb der Esel unerwartet stehen und Alex fiel herunter (2). Seine Hose hatte am Knie ein Loch und sein Knie blutete.

2 Fragen oder Ausrufe machen eine Geschichte interessanter und spannender. Was sagte wohl Frieda, als sie das Meerschweinchen auf dem Arm hielt (1)? Und was rief Alex, als er vom Esel fiel (2)?

„Oh, wie ist es süß. Ich möchte auch ein Meerschweinchen haben."

„Autsch, mein Knie!"

(Lösungsbeispiele)

Ein Erlebnis aufschreiben

Denke daran: Der Schluss ist kurz und erzählt kein neues Erlebnis.

3 Welcher Schluss passt besser zu den Erlebnissen von Frieda, Konrad und Alex?

☒ Alex stand vom Boden auf und sagte: „Nichts passiert, die Hose war alt und auf das Knie kleben wir ein Pflaster." Glücklich und zufrieden über den schönen Tag im Tierpark gingen die drei Freunde nach Hause.

☐ Alex stand vom Boden auf und sagte: „Nichts passiert, die Hose war alt und auf das Knie kleben wir ein Pflaster." Dann gingen sie zum Spielplatz. Dort spielten sie fröhlich mit anderen Kindern, schaukelten und rutschten und hatten viel Spaß. Zum Schluss kauften sie sich noch ein großes Eis und gingen zufrieden nach Hause.

4 Warum hast du dich für diesen Schluss entschieden?

☒ Er ist kurz.
☐ Er erzählt noch weitere Erlebnisse.
☒ Es wird kein neues Erlebnis erzählt.

5 Beurteile diese Überschriften. Trage die passende Ziffer ein.

[3] Im Tierpark

[2] Kleine Aufregung im Tierpark

[1] Alex fällt im Tierpark vom Esel

1	2	3
Die Überschrift verrät zu viel.	Die Überschrift macht neugierig.	Die Überschrift macht nicht neugierig.

6 Hast du noch eine eigene Idee für eine Überschrift?

Sturz im Tierpark

(Lösungsbeispiel)

Ein Erlebnis aufschreiben

1 Hier siehst du noch einmal, aus welchen Teilen eine Geschichte besteht. Was gehört zu welchem Textteil?

man kann Personen sprechen lassen
ist am längsten   macht neugierig
erzählt kein neues Ereignis   führt in das Erlebnis ein
ist kurz
klärt die W-Fragen   steht über dem Text

Überschrift
- macht neugierig
- steht über dem Text

Einleitung
- führt in das Erlebnis ein
- klärt die W-Fragen

Erlebnis

Hauptteil
- ist am längsten
- man kann Personen sprechen lassen

Schluss
- ist kurz
- erzählt kein neues Ereignis

Gedichte schreiben

1 Finde die Reimwörter und male sie in der gleichen Farbe aus.

2 Hier siehst du noch mehr Reimwörter. Schreibe die passenden Paare auf.

~~Katze~~   Schuh   Stock   Schwein   Topf
Teller   Kind   Wal

Tatze – Katze
Rock – Stock
Bein – Schwein
Wind – Kind

Keller – Teller
Schal – Wal
Kopf – Topf
Kuh – Schuh

Gedichte schreiben

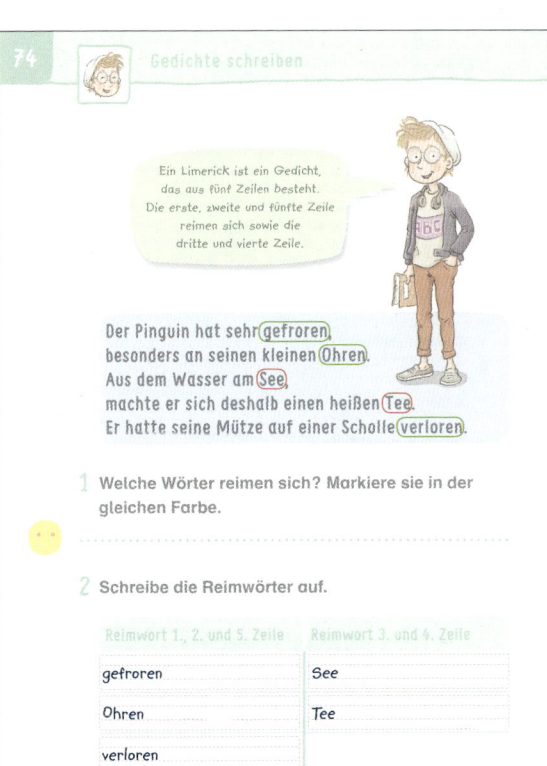

Ein Limerick ist ein Gedicht, das aus fünf Zeilen besteht. Die erste, zweite und fünfte Zeile reimen sich sowie die dritte und vierte Zeile.

Der Pinguin hat sehr (gefroren),
besonders an seinen kleinen (Ohren).
Aus dem Wasser am (See),
machte er sich deshalb einen heißen (Tee).
Er hatte seine Mütze auf einer Scholle (verloren).

1 Welche Wörter reimen sich? Markiere sie in der gleichen Farbe.

2 Schreibe die Reimwörter auf.

Reimwort 1., 2. und 5. Zeile	Reimwort 3. und 4. Zeile
gefroren	See
Ohren	Tee
verloren	

Ausdauertraining

1 Die Reimwörter von zwei Limericks sind hier durcheinandergeraten. Kannst du sie richtig in die Lücken setzen?

Jahren   Maus   schwören   Gefahren
entzückt   Möhren   aus   aufbewahren
verrückt   Haus

Der Mann bringt für die Maus

eine Falle mit zu sich nach Haus

Die Maus ist nicht entzückt

doch dann lacht sie wie verrückt

Kein Problem, damit kenne ich mich aus

Vielen Hasen drohen seit Jahren

im Wald und auf der Wiese viele Gefahren

Deshalb hört man sie immer schwören

auf die Stärkung beim Knabbern von Möhren

Sie haben einen Vorrat, den sie aufbewahren

Gedichte schreiben

Liralase, seht, hier ist ein Hase.

Das kann ich auch: Liralohren, er hat lange Ohren.

2 Findest du noch mehr „Liralase"-Reime?

Liralase, er wackelt mit der **Nase**.

Liralell, er hat braunes **Fell**.

Liraloten, er hat **Pfoten**.

Liralanz, er hat einen Stummelschwanz.

Liralaugen, er hat gute Augen.

Liralöhren, er frisst gerne Möhren.

3 Bestimmt fällt dir ein „Liralase"-Reim zu den Zähnen des Hasen ein. Schreibe ihn auf.

Liralähne, er hat scharfe Zähne.

(Lösungsbeispiel)

Ausdauertraining

4 Stell dir vor, Konrad, Frieda und Alex machen eine Schneeballschlacht. Überlege, was die Schneebälle treffen können. Schreibe „Liralase"-Reime.

Liralacke, auf die **Jacke**.

Liraluhe, auf die **Schuhe**.

Liralaum, gegen den Baum.

Liralarten, in den Garten.

Liralarm, gegen den Arm.

Liralal, auf den Schal.

Liralütze, auf die Mütze.

Liralose, auf die Hose.

Liralein, gegen das Bein.

Liralaus, gegen das Haus.

Gedichte schreiben

5 In jeder Reihe passt ein Reimwort nicht zu den anderen. Streiche es durch.

Tipp: Lies die Wörter leise vor.

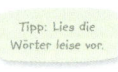

Dose	Hose	Rose	~~Reis~~
Tee	See	~~Beet~~	Schnee
Turm	Sturm	~~Stock~~	Wurm
~~Traum~~	Maus	Haus	Laus
Baum	Schaum	Traum	~~Bauch~~
Kanne	Wanne	~~Tonne~~	Tanne
Tonne	~~Tanne~~	Sonne	Wonne
Topf	Kopf	~~Teller~~	Knopf

6 Suche dir zwei Wörter aus, die nicht passen. Findest du dafür Wörter, die sich reimen?

Bauch - Strauch - Schlauch

Tonne - Wonne - Sonne

(Lösungsbeispiele)

Gedichte schreiben

Gedichte müssen sich nicht immer reimen. Dieses Gedicht hat fünf Zeilen. Jede Zeile fängt mit dem gleichen Wort an. Nur die letzte Zeile beginnt mit dem Wort aber.

Bücher
Bücher sind groß oder klein.
Bücher stehen im Regal.
Bücher haben manchmal Bilder.
Bücher sind schwer, wenn ich sie in die Schule trage,
aber man kann viele tolle Geschichten lesen.

1 Suche dir ein Wort aus und schreibe ein Gedicht ohne Reime dazu.

Schule   Blumen   Ferien   Tiere   Stifte

Tiere

Tiere leben im Wasser, auf dem Land und in der Luft.

Tiere haben Fell, Schuppen oder Federn.

Tiere sind sehr groß oder winzig klein.

Tiere sind anhänglich und lieb,

aber Raubtiere können auch sehr gefährlich sein.

(Lösungsbeispiel)

Aufwärmen

Eine Bastelanleitung schreiben

1 Kannst du die Wörter richtig in die Spalten einsortieren?

~~schneiden~~   Papier   knicken   ~~Buntstifte~~

Wollfaden   essen   kleben   falten   Marmelade

Schere   Kleber   malen   Locher   binden

Das mache ich.	Diese Dinge benötige ich.
schneiden	Buntstifte

2 Zwei Wörter passen nicht dazu. Findest du sie?

Eine Bastelanleitung schreiben

Bei einer Bastelanleitung schreibst du zuerst die benötigten Materialien auf und beschreibst dann jeden einzelnen Schritt.

Ein Lesezeichen basteln

1 Schaue dir die Bilder genau an. Welche Materialien benötigst du für das Lesezeichen?

- ☐ Messer
- ☐ Hammer
- ☐ Nadel
- ☐ Papier
- ☐ Buntstifte
- ☐ Wollfaden
- ☐ Locher
- ☐ Schere
- ☐ Kleber

Taktik

2 Schreibe hier noch einmal auf, welche Materialien du brauchst, um das Lesezeichen zu basteln.

3 Welcher Arbeitsschritt gehört zu welchem Bild? Trage die Ziffern in die Kästchen.

- ☐ an der Faltlinie abschneiden
- 1 einen fünf Zentimeter breiten Streifen falten
- ☐ mit Buntstiften anmalen
- ☐ am schmalen Stück auf einer Seite ein Loch stanzen
- ☐ einen Knoten machen
- ☐ einen Wollfaden durch das Loch ziehen

> Bei einer Bastelanleitung ist die richtige Reihenfolge wichtig.

Eine Bastelanleitung schreiben

1 Frieda erklärt, wie man ein Indianerstirnband bastelt. Ordne die Satzanfänge richtig zu.

zu~~erst~~   dann   nun   jetzt

zuletzt   anschließend   danach

Bastelanleitung für ein Indianerstirnband

Zuerst knickt man von der langen Seite des Papiers einen ungefähr drei Zentimeter breiten Streifen ab.

_____ schneidet man ihn mit der Schere ab.

_____ macht man das Gleiche noch einmal.

_____ klebt man an einer Stelle die beiden kurzen Stellen aneinander. _____ bemalt man den langen Streifen mit einem schönen Indianermuster.

_____ klebt man die beiden Enden zu einem Band zusammen. _____ steckt man eine Feder in die zusammengeklebte Stelle.

Kannst du das Indianerstirnband basteln?

Ausdauertraining

2 Frieda hat in der Man-Form erklärt. Du kannst sicher die Verben in die Ich-Form setzen.

~~knicken~~   bemalen   schneiden   kleben   können   machen   stecken

knicken – ich knicke

3 Welche Materialien braucht Frieda? Unterstreiche sie im Text auf Seite 44 und schreibe sie hier auf.

Eine Bastelanleitung schreiben

4 Schaue dir die Bilder an. Weißt du, welche Materialien Alex für sein Knautschgesicht benötigt?

5 Hilf Alex, die Bastelanleitung für das Knautschgesicht in der Ich-Form aufzuschreiben.

Ein Knautschgesicht basteln

1. Trichter in den Luftballon stecken

Zuerst stecke ich

Ausdauertraining

2. Sand in Luftballon füllen

Dann fülle

3. Knoten in den Luftballon machen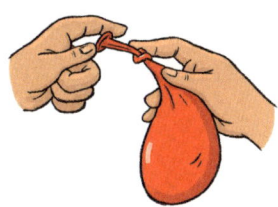

Nun

4. Gesicht aufmalen

Zuletzt

Jetzt kann ich mein Knautschgesicht mit der Hand formen.

Eine Bastelanleitung schreiben

Einen Kraken basteln

Material:
1 Blatt Papier DIN A5
1 Schere
Klebestift
schwarzer Filzstift

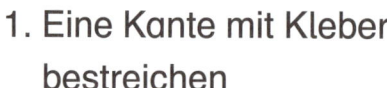
Diese Sachen brauche ich.

So geht es:

1. Eine Kante mit Kleber bestreichen

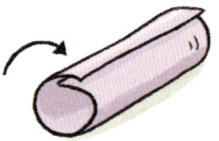

2. Die Kanten zu einer Rolle zusammenkleben

3. Mit einer Schere zehnmal ungefähr bis zur Mitte hin einschneiden

4. Mit Filzstift ein Gesicht und Kreise auf die Streifen aufmalen

5. Die Streifen über einen Stift aufrollen

Ausdauertraining

6 Schreibe nun die Bastelanleitung für den Kraken in der Ich-Form auf. Diese Satzanfänge helfen dir:

zuerst   dann   danach   jetzt   zuletzt

Zuerst bestreiche ich

7 Überprüfe deine Bastelanleitung mit der Checkliste.

	☺	😐	☹
Ich habe die Reihenfolge eingehalten.			
Ich habe in der Ich-Form geschrieben.			
Ich habe verschiedene Satzanfänge verwendet.			

Eine Bastelanleitung schreiben

1 Welche Materialien brauchst du für die Tiermaske?

2 Jetzt weißt du, welche Materialien du für die Tiermaske benötigst. Hast du Lust bekommen, sie zu basteln?

Aufwärmen

Eine Bildergeschichte schreiben

in den Sommerferien   Frieda   am Mittwoch

im Winter   im Park   Konrad   die Kinder

vor der Schule   der Clown   die Lehrerin   morgens

Alex   an der Bushaltestelle   am Abend   im Zirkuszelt

um 9.00 Uhr   im Supermarkt   um 15.00 Uhr

auf dem Spielplatz   ein Mann   im Bus

1 Wer könnten die Hauptpersonen sein? Kreise grün ein.

....

2 Wo könnte die Geschichte spielen? Kreise rot ein.

....

3 Wann könnte die Geschichte spielen? Kreise gelb ein.

....

Eine Bildergeschichte schreiben

> Die Einleitung beantwortet die Fragen:
> Wer? Wo? Wann?

1 Welcher Satz beantwortet die W-Fragen?

☐ An einem Samstag steht auf der Wiese ein Zirkuszelt.

☐ An einem Tag in den Sommerferien gehen Hanna, Emil und Theo in den Zirkus.

☐ Hanna, Emil und Theo treffen sich heute.

2 Unterstreiche im richtigen Satz mit diesen Farben:

a) Wer spielt mit?

b) Wo spielt die Geschichte?

c) Wann spielt die Geschichte?

Taktik

3 **Welche Überschrift findest du passend?**

- ☐ Die Kinder gehen in den Zirkus
- ☐ Der Zirkus ist in der Stadt
- ☐ Lustiger Clownspass im Zirkus
- ☐ Ein Erlebnis in den Sommerferien
- ☐ Ein schönes Zirkuszelt

> Die Überschrift soll neugierig machen, aber nicht zu viel verraten.

4 **Was sagt wohl Emil zu Hanna und Theo vor dem Zirkuszelt?**

Eine Bildergeschichte schreiben

1 Welche Sätze gehören zusammen? Verbinde sie.

Es ist ein — auf den Spielplatz.

Frieda und Konrad — schöner Sommertag.

Sie gehen — verabreden sich.

2 Schreibe nun die drei Einleitungssätze auf.

Es ist ein

Ausdauertraining

3 **Hast du eine Idee, was passieren könnte?**

4 **Warum hält sich Konrad die Hände vor den Mund?**

5 **Du findest sicher eine passende Überschrift, die neugierig macht.**

> Damit die Überschrift gut zur Geschichte passt, schreibst du sie zum Schluss.

Eine Bildergeschichte schreiben

6 Schaue dir das Bild gut an und überlege, was vorher passiert ist. Schreibe zwei Einleitungssätze.

7 Wie könnten der Mann und der Junge heißen?

Ausdauertraining

8 Was ruft oder denkt der Mann wohl, als kein Wasser aus dem Schlauch kommt?

9 Zwei Schlusssätze passen. Findest du sie?

Der Schluss ist kurz und erzählt kein neues Ereignis.

☐ Kurz darauf lacht der platschnasse Mann: „Oh, eine schöne Abkühlung."

☐ Der Mann ist ganz nass. Er ist sauer und geht ins Haus, um sich umzuziehen. Danach setzt er sich in seinen Sessel und liest die Zeitung.

☐ Der Junge kommt um die Ecke und ruft: „Das wollte ich nicht." Dann müssen beide lachen.

10 Fällt dir eine treffende Überschrift ein?

Eine Bildergeschichte schreiben

11 Der Text ist hier durcheinandergeraten. Betrachte das Bild und lies die Sätze. Nummeriere sie dann in der richtigen Reihenfolge.

- ☐ Plötzlich hört er einen lauten Schrei. Vor Schreck bleibt er sofort stehen.
- ☐ Heute geht Alex im Supermarkt einkaufen. Er hat schulfrei und will seiner Mutter helfen.
- ☐ Da sieht er, dass sein Einkaufswagen direkt vor einem Turm aus Konservendosen steht.
- ☐ Er überlegt: „Zucker, Mehl, Eier und Tomaten habe ich schon." Dann fällt ihm nicht mehr das fehlende Teil ein.
- ☐ Den Einkaufszettel mit fünf Dingen hat er in sein Handy geschrieben.

Ausdauertraining

☐ „Ui, das ist gerade noch mal gut gegangen", sagt Alex erleichtert.

☐ Schnell nimmt er sein Handy aus der Hosentasche und schaut nach. Dabei geht er weiter und schiebt den Einkaufswagen vor sich her.

12 Nimm die Bildergeschichte nun genauer unter die Lupe.

a) Welche Sätze gehören zur Einleitung? Markiere sie rot.

b) Welcher Satz ist der Schlusssatz? Markiere ihn grün.

c) Was hat die Frau wohl Alex zugerufen?

d) Bestimmt findest du auch wieder eine Überschrift.

Eine Bildergeschichte schreiben

13 Schaue dir das Bild an. Kannst du eine Geschichte dazu schreiben? Denke an die Einleitung, an das, was passiert, und an den Schluss. Findest du auch eine Überschrift?

Ausdauertraining

Du kannst ein Kind etwas rufen lassen.

14 Überprüfe deine Geschichte mit der Checkliste.

	☺	😐	☹
Meine Überschrift macht neugierig.			
Die Einleitung beantwortet die Fragen: Wer? Wann? Wo?			
Ich erzähle, was tatsächlich passiert.			
Mein Schluss ist kurz und erzählt kein neues Ereignis.			

Eine Bildergeschichte schreiben

1 Hast du eine eigene Idee für eine Bildergeschichte? Dann male hier dein Bild.

2 Überlege, was in der Geschichte passieren könnte.

....

3 Fällt dir eine Überschrift ein?

....

4 Schreibe die Geschichte auf ein extra Blatt.

Aufwärmen

Ein Erlebnis aufschreiben

1 Zu jeder Geschichte gehört eine Einleitung. Schreibe die Wörter richtig in die Lücken.

wenige wer wann wo

In der Einleitung schreibe ich _____ und

_____ meine Geschichte spielt und

_____ darin vorkommt. Dafür brauche ich nur

_____ Sätze.

2 Was musst du beachten, wenn du den Schluss einer Geschichte schreibst?

☐ Mein Schlussteil passt genau zu meiner Geschichte.
☐ Ich schreibe einfach „Jetzt ist Schluss.".
☐ Mein Schluss hat nur ein oder zwei Sätze.
☐ Ich erzähle im Schlussteil kein neues Erlebnis.

Ein Erlebnis aufschreiben

1 Lisa hat aufgeschrieben, was sie mit Anton am Strand erlebt hat. Die Sätze sind hier durcheinandergeraten. Kannst du ihr helfen, sie zu sortieren?

> Das ist nur der Hauptteil der Geschichte.

- [ ] Sie hatte vier große Türme.
- [ ] Anschließend verzierten wir sie mit Muscheln.
- [ ] Anton und ich bauten am Strand eine schöne Burg.
- [ ] Plötzlich sprang ein großer schwarzer Hund mitten auf unsere Burg.
- [ ] Anton steckte sogar eine kleine gebastelte Fahne in einen Turm.

2 Was ruft wohl Anton, als der Hund auf die Burg springt?

Taktik

3 Schreibe zu Lisas Erlebnis einen oder zwei Einleitungssätze.

Wie könnte die Geschichte ausgehen?

4 Hier sind drei Möglichkeiten für einen Schluss. Welcher gefällt dir am besten?

- ☐ Traurig gingen wir nach Hause.
- ☐ Da kam der Hundebesitzer. Er entschuldigte sich und half uns die Burg wieder aufzubauen.
- ☐ Wütend machten Anton und ich die ganze Burg kaputt.

5 Hast du eine eigene Idee für einen Schluss? Schreibe sie auf ein extra Blatt.

66 Ein Erlebnis aufschreiben

Dies ist die Einleitung einer Geschichte.

Frieda, Konrad und Alex waren gestern verabredet. Sie wollten in den Tierpark gehen und waren schon ganz aufgeregt.

1 Kannst du die Fragen zur Einleitung beantworten?

Wer sind die Hauptpersonen?

Wann spielt die Geschichte?

Wo spielt die Geschichte?

Im Hauptteil erzählst du ausführlich, was passiert ist.

Zuerst kauften sie Tierfutter. Dann gingen sie zum Wildgehege und legten sich etwas von dem Tierfutter auf die Hand und fütterten die Tiere. Anschließend gingen sie zum Streichelzoo. Frieda nahm ein

Ausdauertraining

Meerschweinchen auf den Arm. (1) Konrad und Alex streichelten die Kaninchen. Schließlich kamen sie zu den Eseln. Alex wollte sofort auf einem Esel reiten. Er kletterte hinauf und ein Mann führte den Esel an einer Leine im Kreis. Plötzlich blieb der Esel unerwartet stehen und Alex fiel herunter (2). Seine Hose hatte am Knie ein Loch und sein Knie blutete.

2 **Fragen oder Ausrufe machen eine Geschichte interessanter und spannender. Was sagte wohl Frieda, als sie das Meerschweinchen auf dem Arm hielt (1)? Und was rief Alex, als er vom Esel fiel (2)?**

Ein Erlebnis aufschreiben

Denke daran: Der Schluss ist kurz und erzählt kein neues Erlebnis.

3 **Welcher Schluss passt besser zu den Erlebnissen von Frieda, Konrad und Alex?**

☐ Alex stand vom Boden auf und sagte: „Nichts passiert, die Hose war alt und auf das Knie kleben wir ein Pflaster." Glücklich und zufrieden über den schönen Tag im Tierpark gingen die drei Freunde nach Hause.

☐ Alex stand vom Boden auf und sagte: „Nichts passiert, die Hose war alt und auf das Knie kleben wir ein Pflaster." Dann gingen sie zum Spielplatz. Dort spielten sie fröhlich mit anderen Kindern, schaukelten und rutschten und hatten viel Spaß. Zum Schluss kauften sie sich noch ein großes Eis und gingen zufrieden nach Hause.

Ausdauertraining

4 Warum hast du dich für diesen Schluss entschieden?

- ☐ Er ist kurz.
- ☐ Er erzählt noch weitere Erlebnisse.
- ☐ Es wird kein neues Erlebnis erzählt.

5 Beurteile diese Überschriften. Trage die passende Ziffer ein.

- ☐ Im Tierpark
- ☐ Kleine Aufregung im Tierpark
- ☐ Alex fällt im Tierpark vom Esel

| 1 Die Überschrift verrät zu viel. | 2 Die Überschrift macht neugierig. | 3 Die Überschrift macht nicht neugierig. |

6 Hast du noch eine eigene Idee für eine Überschrift?

Ein Erlebnis aufschreiben

7 Hast du Lust bekommen, ein eigenes Erlebnis aufzuschreiben? Erzähle, was du auf dem Spielplatz, im Schwimmbad, auf dem Schulweg oder in den Ferien erlebt hast.

Ausdauertraining

> Denke an die W-Fragen in der Einleitung und den ausführlichen Hauptteil. Vergiss nicht den kurzen Schluss und eine treffende Überschrift.

8 Überprüfe deinen Text mit der Checkliste.

	☺	😐	☹
Meine Überschrift macht neugierig.			
Die Einleitung beantwortet die Fragen: Wer? Wann? Wo?			
Im Hauptteil erzähle ich ausführlich, was passiert.			
Meine Personen sprechen.			
Mein Schluss ist kurz und erzählt kein neues Ereignis.			

Ein Erlebnis aufschreiben

1 Hier siehst du noch einmal, aus welchen Teilen eine Geschichte besteht. Was gehört zu welchem Textteil?

- man kann Personen sprechen lassen
- ist am längsten
- macht neugierig
- erzählt kein neues Ereignis
- führt in das Erlebnis ein
- ist kurz
- klärt die W-Fragen
- steht über dem Text

Überschrift

Einleitung

Erlebnis

Hauptteil

Schluss

Aufwärmen

Gedichte schreiben

1 Finde die Reimwörter und male sie in der gleichen Farbe aus.

Tanne	Lupe	Socken	Puppe
Suppe	Hose	Schwamm	Buch
Tuch	Locken	Hecke	Hupe
Dose	Kamm	Pfanne	Schnecke

2 Hier siehst du noch mehr Reimwörter. Schreibe die passenden Paare auf.

~~Katze~~   Schuh   Stock   Schwein   Topf
Teller   Kind   Wal

Tatze – Katze

Rock –

Bein –

Wind –

Keller –

Schal –

Kopf –

Kuh –

Gedichte schreiben

Ein Limerick ist ein Gedicht, das aus fünf Zeilen besteht. Die erste, zweite und fünfte Zeile reimen sich sowie die dritte und vierte Zeile.

Der Pinguin hat sehr gefroren,
besonders an seinen kleinen Ohren.
Aus dem Wasser am See,
machte er sich deshalb einen heißen Tee.
Er hatte seine Mütze auf einer Scholle verloren.

1 Welche Wörter reimen sich? Markiere sie in der gleichen Farbe.

2 Schreibe die Reimwörter auf.

Reimwort 1., 2. und 5. Zeile	Reimwort 3. und 4. Zeile

Ausdauertraining

1 Die Reimwörter von zwei Limericks sind hier durcheinandergeraten. Kannst du sie richtig in die Lücken setzen?

Jahren   Maus   schwören   Gefahren
entzückt   Möhren   aus   aufbewahren
verrückt   Haus

Der Mann bringt für die _____

eine Falle mit zu sich nach _____.

Die Maus ist nicht _____,

doch dann lacht sie wie _____.

Kein Problem, damit kenne ich mich _____.

Vielen Hasen drohen seit _____

im Wald und auf der Wiese viele _____.

Deshalb hört man sie immer _____,

auf die Stärkung beim Knabbern von _____.

Sie haben einen Vorrat, den sie _____.

Gedichte schreiben

Liralase, seht,
hier ist ein Hase.

Das kann ich auch:
Liralohren, er hat lange Ohren.

2 Findest du noch mehr „Liralase"-Reime?

Liralase, er wackelt mit der _____.

Liralell, er hat braunes _____.

Liraloten, er hat _____.

_____, er hat einen Stummelschwanz.

_____, er hat gute Augen.

_____, er frisst gerne Möhren.

3 Bestimmt fällt dir ein „Liralase"-Reim zu den Zähnen des Hasen ein. Schreibe ihn auf.

Liralähne,

Ausdauertraining

4 Stell dir vor, Konrad, Frieda und Alex machen eine Schneeballschlacht. Überlege, was die Schneebälle treffen können. Schreibe „Liralase"-Reime.

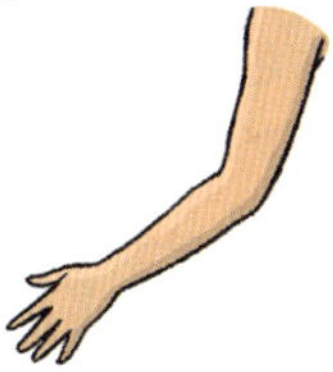

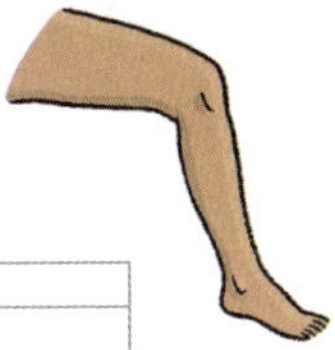

Liralacke, auf die Jacke.

Liraluhe, auf die _____.

_____, gegen den Baum.

Gedichte schreiben

5 In jeder Reihe passt ein Reimwort nicht zu den anderen. Streiche es durch.

Tipp: Lies die Wörter leise vor.

Dose	Hose	Rose	Reis
Tee	See	Beet	Schnee
Turm	Sturm	Stock	Wurm
Traum	Maus	Haus	Laus
Baum	Schaum	Traum	Bauch
Kanne	Wanne	Tonne	Tanne
Tonne	Tanne	Sonne	Wonne
Topf	Kopf	Teller	Knopf

6 Suche dir zwei Wörter aus, die nicht passen. Findest du dafür Wörter, die sich reimen?

Ausdauertraining

7 Male Bilder zu den vier Reimpaaren. Lasse eine Person die Reimwörter raten.

Maus – Haus

Berg – Zwerg

Insel – Pinsel

Tisch – Fisch

8 Male Dinge aus deiner Schultasche auf ein extra Blatt und schreibe „Liralase"-Reime dazu. Wem möchtest du sie vorlesen?

Gedichte schreiben

> Gedichte müssen sich nicht immer reimen. Dieses Gedicht hat fünf Zeilen. Jede Zeile fängt mit dem gleichen Wort an. Nur die letzte Zeile beginnt mit dem Wort aber.

Bücher
Bücher sind groß oder klein.
Bücher stehen im Regal.
Bücher haben manchmal Bilder.
Bücher sind schwer, wenn ich sie in die Schule trage,
aber man kann viele tolle Geschichten lesen.

1 Suche dir ein Wort aus und schreibe ein Gedicht ohne Reime dazu.

Schule   Blumen   Ferien   Tiere   Stifte